Mon animal

# Les poneys

Kelley MacAulay et Bobbie Kalman

Photographies de Marc Crabtree

Traduction de Marie-Josée Brière

Catalogage avant publication de Bibliothèque et Archives nationales du Québec et Bibliothèque et Archives Canada

MacAulay, Kelley

Les poneys

(Mon animal)
Traduction de: Ponies.
Comprend un index.
Pour enfants de 6 à 10 ans.

ISBN 978-2-89579-439-4

1. Poneys - Ouvrages pour la jeunesse. I. Kalman, Bobbie. II. Crabtree, Marc. III. Titre. IV. Collection : Mon animal.

SF315.M3314 2012          j636.1'63          C2011-942348-0

Dépôt légal – Bibliothèque et Archives nationales du Québec, 2012
Bibliothèque et Archives Canada, 2012

Titre original : Ponies de Kelley MacAulay et Bobbie Kalman (ISBN 978-0-7787-1790-4) © 2005 Crabtree Publishing Company, 616, Welland Ave., St. Catharines, Ontario, Canada  L2M 5V6

**Conception graphique**
Katherine Kantor

**Recherche de photos**
Crystal Foxton

**Conseiller**
Dr Michael A. Dutton, D.M.V., D.A.B.V.P., Clinique pour oiseaux et animaux exotiques du New Hampshire
www.exoticandbirdclinic.com

**Remerciements particuliers à**
Nancy Boudreau et Champy, Brooke Boudreau et Zoomer, Britanny Boudreau, Keith Makubuya, Emily Murphy, Candice Murphy, Leslie Brooks et Mac, et le Centre équestre JL (JL Equestrian Center)

**Photos**
Marc Crabtree, sauf : Digital Stock : page 21 (eau) ; Comstock : page 21 (bonbon et laitue) ; PhotoDisc : page 21 (melon)

**Illustrations**
Margaret Amy Reiach, sauf : Katherine Kantor : page 18

Direction : Andrée-Anne Gratton
Traduction : Marie-Josée Brière
Révision : Johanne Champagne
Mise en pages : Mardigrafe

© Bayard Canada Livres inc. 2012

Nous reconnaissons l'aide financière du gouvernement du Canada par l'entremise du Fonds du livre du Canada (FLC) pour des activités de développement de notre entreprise.

**Conseil des Arts    Canada Council**
**du Canada          for the Arts**

Bayard Canada Livres inc. remercie le Conseil des Arts du Canada du soutien accordé à son programme d'édition dans le cadre du Programme des subventions globales aux éditeurs.

Cet ouvrage a été publié avec le soutien de la SODEC. Gouvernement du Québec – Programme de crédit d'impôt pour l'édition de livres – Gestion SODEC.

Bayard Canada Livres
4475, rue Frontenac, Montréal (Québec)  H2H 2S2
Téléphone : 514 844-2111 ou 1 866 844-2111
Télécopieur : 514 278-0072
edition@bayardcanada.com
bayardlivres.ca

Imprimé au Canada

# Table des matières

# Qu'est-ce qu'un poney ?

Les poneys sont des mammifères. Tous les mammifères ont une colonne vertébrale, et leur corps est généralement couvert de poils ou de fourrure. Les bébés mammifères boivent le lait de leur mère. Les poneys appartiennent à un groupe de mammifères appelés « équidés ». Les chevaux, les ânes et les zèbres sont aussi des équidés.

## Le corps du poney

crinière

pelage, ou robe

queue

œil

genou

bouche

sabot

# Les poneys sauvages

On trouvait autrefois beaucoup de poneys sauvages en Amérique du Nord. Les poneys sauvages n'appartiennent à personne. Ils vivent en groupes appelés «hardes». Les membres de la même harde restent toujours ensemble. Aujourd'hui, il n'y a plus beaucoup de poneys sauvages. La plupart des poneys sont domestiqués. Les humains doivent les nourrir et prendre soin d'eux.

*Comme les poneys sauvages, ceux qui sont domestiqués n'aiment pas vivre seuls.*

# Est-ce un bon choix pour toi ?

Les poneys sont de beaux animaux, très affectueux.
Et beaucoup d'enfants rêvent d'en avoir un.
Mais c'est une grosse responsabilité
de s'occuper d'un poney !
Chaque jour, il faut le
nourrir, faire sa toilette
et lui faire faire de
l'exercice.

*Serais-tu capable de prendre bien soin d'un poney ?*

# Réfléchis bien !

Les questions qui suivent pourront vous aider, toi et ta famille,
à décider si vous êtes prêts à adopter un poney.

- L'achat et l'entretien d'un poney, ça coûte très cher. Ta famille est-elle prête à payer la nourriture d'un poney, de même que l'équipement et les soins particuliers dont il pourrait avoir besoin ?

- Ton poney devra faire beaucoup d'exercice. Auras-tu le temps de lui en faire faire tous les jours ?

- Qui va nourrir ton poney chaque jour ?

- Es-tu **allergique** aux poneys ?

- Voudras-tu passer du temps chaque jour avec ton poney ?

- Où ton poney vivra-t-il ?

- Les poneys vivent généralement de 20 à 30 ans. Pourras-tu t'occuper du tien pendant toutes ces années ?

# Des poneys de toutes sortes

Tous les poneys se ressemblent, mais il en existe beaucoup de races, ou sortes. Les poneys de race pure ont des parents et des grands-parents de la même race qu'eux. Les poneys croisés ont des parents et des grands-parents de races différentes. Les poneys de race pure coûtent plus cher à l'achat que les poneys croisés. On voit ici des animaux de quatre races populaires. Les poneys que tu verras ailleurs dans ce livre sont soit un Pinto, soit un Haflinger.

*Les Pintos sont généralement très affectueux.*

*Les Bashkirs sont réputés pour leur robe frisée!*

*Les Shetlands sont habituellement calmes et doux.*

*Les Haflingers appartiennent à une race qui vient d'Autriche. Ils sont très populaires.*

# Les bébés poneys

Les bébés poneys portent le nom de «poulains». Quand ils naissent, ils ont déjà leur pelage. Contrairement à beaucoup d'autres animaux nouveau-nés, les petits poneys sont capables de voir et d'entendre dès qu'ils naissent. Après leur naissance, ils se reposent quelque temps pendant que leur mère lèche leur corps pour le nettoyer.

*Ce poulain boira le lait de sa mère pendant au moins six mois. Vers l'âge d'un mois, il commencera aussi à manger des aliments solides, comme de l'herbe, du foin et des céréales.*

# Des débuts incertains

Les poulains prennent des forces très rapidement.
Ils arrivent à se tenir debout quelques heures
à peine après leur naissance! Au début, ils n'ont
pas les pattes très solides. Mais le lendemain,
ils sont déjà capables de jouer, de faire
leur toilette, de galoper – c'est-à-dire
de courir –, et même de nager! Ils ont
quand même besoin de la protection
de leur mère. Celle-ci va les nourrir
et les protéger pendant
au moins un an.

*Il faut attendre qu'un poney ait quatre ans avant de commencer à le monter.*

# Le choix d'un poney

Pour acheter un poney, tu peux aller voir un **éleveur**, ou encore demander à tes amis s'ils connaissent des gens qui en ont un à vendre. Il est bon de passer du temps avec quelques poneys avant d'en choisir un. As-tu beaucoup d'expérience en équitation? Si oui, tu pourras choisir un poney un peu **fringant**. Mais si tu commences tout juste à apprendre à monter, tu préféreras peut-être en prendre un plus calme.

# Comment choisir?

Prends bien ton temps pour choisir le poney que tu adopteras. Et assure-toi qu'il est en bonne santé! Voici quelques éléments à surveiller:

- Il a une robe lustrée, sans plaques chauves.
- Il est robuste et élancé.
- Il a les yeux et les oreilles propres.
- Il court sans difficulté.
- Il a le nez et le derrière propres.
- Il n'a pas de plaies sur le corps.

# L'équipement

Il te faudra beaucoup d'équipement spécial pour t'occuper correctement de ton poney. Voici quelques-uns des objets nécessaires pour prendre bien soin de lui.

*Ton poney aura besoin d'un licou, que tu placeras sur sa tête. Tu pourras ainsi l'attacher et le faire marcher.*

*Ton poney devra manger différents types d'aliments pour être en santé.*

*Si tu lui installes un filet à foin, ton poney pourra manger du foin frais en quantité.*

Il te faudra une brosse dure pour enlever la saleté sur la robe de ton poney.

Après avoir nettoyé la robe de ton poney, tu pourras la lisser avec une brosse douce.

Une étrille te permettra de déloger la saleté collée dans la robe de ton poney.

Tu devras nettoyer régulièrement les sabots de ton poney avec un cure-pied.

Une éponge te permettra de laver la face de ton poney.

S'il a un bloc à lécher, ton poney pourra se procurer tout le sel dont il a besoin.

# L'écurie

Les poneys vivent parfois dans une écurie. C'est un bâtiment dans lequel on garde les poneys et les chevaux pour les nourrir et les mettre à l'abri. La meilleure écurie pour ton poney ne sera pas nécessairement la plus proche de chez toi. Essaie d'en visiter plusieurs avant de choisir celle où ton poney vivra. Il est important que les **stalles** y soient vastes et bien aérées, pour que ton poney ait assez d'espace pour bouger et se coucher confortablement.

# À surveiller

Le choix d'une écurie pour ton poney, c'est une grosse décision à prendre. Voici quelques éléments à surveiller :

- Les stalles sont grandes, et le sol est couvert de **litière** fraîche.

- Il y a un seau rempli d'eau dans chaque stalle.

- Les bords des stalles sont arrondis.

- Les stalles sont nettoyées tous les jours.

- Les poneys font de l'exercice tous les jours.

- L'écurie se trouve à côté d'un grand champ d'herbe fraîche.

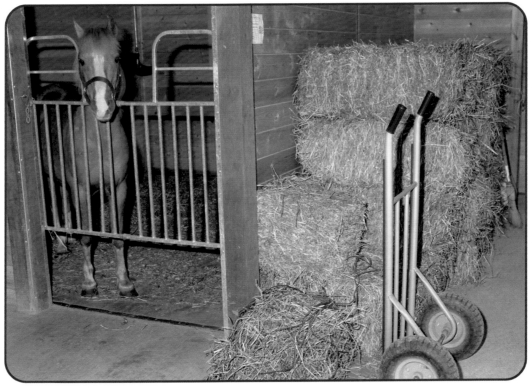

*Essaie d'aller voir ton poney tous les jours. Si tu lui rends visite souvent, il se sentira à l'aise avec toi.*

# La vie à l'extérieur

Si tu as un grand champ chez toi, avec de l'herbe fraîche
en quantité, ton poney pourra vivre et se nourrir dehors.
Le champ devra être entouré d'une clôture solide pour
empêcher ton poney de se sauver. Tu devras aussi
t'assurer qu'il n'y a pas de trous dans le terrain.
Autrement, ton poney pourrait s'accrocher une patte
et se blesser. Un abri au sol couvert de litière fraîche
fournira à ton poney un endroit confortable pour
se reposer.

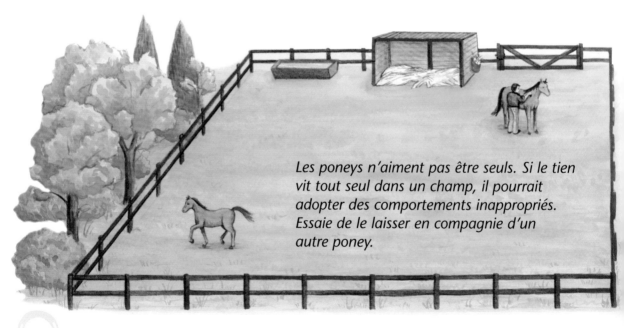

*Les poneys n'aiment pas être seuls. Si le tien
vit tout seul dans un champ, il pourrait
adopter des comportements inappropriés.
Essaie de le laisser en compagnie d'un
autre poney.*

# Les soins quotidiens

Si ton poney vit à l'extérieur, tu devras accomplir
plusieurs tâches chaque jour pour prendre soin de lui.
Même s'il mange beaucoup d'herbe en restant dehors,
tu devras aussi lui apporter du foin et des aliments
préparés. Tu devras également lui fournir de l'eau
fraîche. En outre, ton poney doit être propre pour rester
en santé. Tu devras donc faire sa toilette et nettoyer
son abri régulièrement.

*Si ton poney vit dans
un champ, tu devras
aller voir deux fois par
jour comment il va.*

# L'alimentation des poneys

Pour être en bonne santé, les poneys doivent manger des aliments variés. Ton poney devra toujours avoir beaucoup d'herbe fraîche et de foin à manger. Tu devras aussi lui donner des aliments préparés. Ce sont des mélanges de céréales et de **minéraux**. En plus, comme ton poney aura besoin de sel, il faudra lui acheter un bloc à lécher s'il n'y a pas de sel dans les aliments préparés que tu lui donnes.

*Tu peux donner des carottes et des pommes à ton poney. Il en raffolera !*

# De l'eau fraîche

Il est important de t'assurer que ton poney a toujours de l'eau fraîche à boire. Il doit en prendre de petites quantités plusieurs fois par jour. Si tu lui donnes de l'eau une seule fois par jour, il en boira beaucoup en même temps. Il pourrait être malade s'il en prend trop d'un seul coup.

## À ne pas mettre au menu

Fais très attention à ce que tu donnes à manger à ton poney. Certains aliments pourraient le rendre malade !

- Les bonbons et les autres friandises, comme le chocolat, ne sont pas bons pour ton poney.

- Il faut bien rincer les fruits et les légumes pour en enlever toute trace de **pesticides** dangereux.

- Ne donne jamais d'aliments gâtés à ton poney. Enlève chaque soir la nourriture qu'il n'a pas mangée dans la journée.

# La toilette de ton poney

Ton poney aura besoin de ton aide pour rester propre et en santé. Tu devras faire sa toilette tous les jours. Il vaudra mieux l'attacher pour qu'il reste en place. Tu auras peut-être besoin d'un adulte pour accomplir ces tâches.

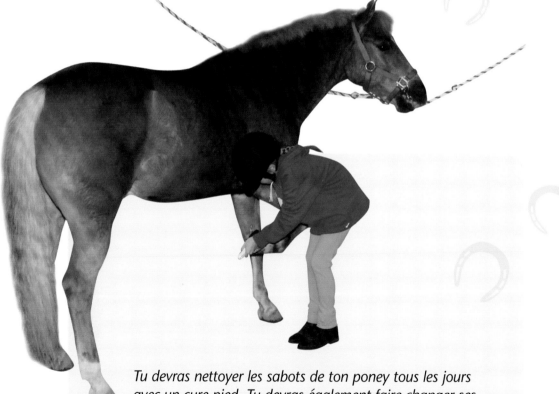

*Tu devras nettoyer les sabots de ton poney tous les jours avec un cure-pied. Tu devras également faire changer ses fers environ une fois par mois. Les **fers** servent à protéger les pieds des poneys. La personne qui change les fers s'appelle un « maréchal-ferrant ».*

Tu devras aussi garder propre la robe de ton poney. Commence par la frotter vigoureusement à rebrousse-poil avec une brosse dure. Mais il ne faut pas te servir de la brosse dure sur la tête ou la queue de ton poney.

Une étrille te permettra au besoin d'enlever la boue et la sueur qui sont collées dans la robe de ton poney. Passe-la sur tout son corps avec des mouvements circulaires.

Après avoir nettoyé la robe de ton poney, lisse-la avec une brosse douce.

Pour finir, prends une éponge humide pour laver la tête de ton poney. N'oublie pas de frotter autour de ses yeux et de son nez ! Peigne ensuite doucement sa crinière et sa queue.

# L'exercice

Les poneys ont beaucoup d'énergie. Ils aiment passer la majeure partie de leur temps dehors. Ton poney devra faire chaque jour au moins une heure d'exercice dans un espace ouvert. S'il ne sort jamais de sa stalle, il ne sera ni heureux, ni en bonne santé.

*Si ton poney est resté longtemps dans sa stalle, il sera très content de courir dehors!*

# Le meilleur exercice

Le meilleur exercice que tu puisses faire faire à ton poney, c'est de le monter chaque jour. Tu devras toutefois suivre des cours avant de commencer. Ton instructeur te dira de quel équipement tu auras besoin et comment l'installer sur le poney. Il te montrera aussi comment diriger les mouvements de ton poney. N'oublie pas que les poneys sont des animaux très forts! Alors, il faudra toujours faire très attention quand tu monteras le tien.

*Il faut toujours porter un casque et des bottes pour monter un poney.*

# Qu'est-ce qu'il dit ?

Les poneys envoient toutes sortes de messages aux humains et aux autres animaux. Observe bien les mouvements de ton poney. Il essaie peut-être de te dire quelque chose ! Voici quelques attitudes par lesquelles les poneys expriment ce qu'ils ressentent.

*Quand un poney se roule par terre, c'est parfois pour se gratter le dos. Mais souvent, c'est simplement pour s'amuser, parce qu'il est content !*

Les poneys piaffent, ou frappent le sol avec un sabot, quand ils sont impatients ou mécontents. Ils piaffent parfois parce qu'ils veulent aller dehors ou parce qu'ils ont faim.

Un poney qui a peur se sauve en courant ou lève les pattes arrière. On dit alors qu'il « rue ».

Si ton poney montre ses dents, c'est parce qu'il est en colère.

# En sécurité

Ton poney pourrait te mordre s'il a peur ou s'il est blessé. Si jamais cela se produit, éloigne-toi et laisse-lui le temps de se calmer. Voici quelques conseils pour que ton poney reste calme et qu'il soit en sécurité.

*Fais attention de ne pas pincer ton poney en installant son équipement.*

# Quelques conseils

Voici quelques conseils importants pour assurer ta sécurité et celle de ton poney.

- Approche-toi toujours de ton poney par devant. Si tu arrives par derrière et que tu le touches avant qu'il te voie, tu pourrais le surprendre et lui faire peur.

- Demande à ton instructeur d'équitation de te montrer comment soulever correctement les sabots de ton poney.

- Si tu veux flatter ton poney, commence toujours par sa nuque. Ne tends pas la main vers son nez.

- Et, bien sûr, ne frappe jamais ton poney !

*Quand tu fais marcher ton poney, tu dois toujours te tenir à côté de lui, jamais devant lui.*

# Chez le vétérinaire

Les vétérinaires sont des médecins qui soignent les animaux. Un vétérinaire s'assurera que ton poney va bien. Il lui injectera aussi des vaccins qui le protégeront contre certaines maladies. Si tu penses que ton poney pourrait être malade, appelle un vétérinaire immédiatement.

*Ton vétérinaire t'aidera à garder ton poney en bonne santé.*

## Demande de l'aide

Voici quelques symptômes qui pourraient indiquer que ton poney est malade :

- Il a les yeux ou le nez qui coulent.
- Il a les oreilles enflées.
- Il mange moins que d'habitude.
- Il a des plaies sur le corps.
- Il a pris ou perdu beaucoup de poids.
- Il boite.
- Il respire plus vite ou plus lentement que d'habitude.

## Une belle vie

Pour bien t'occuper de ton poney, tu devras passer du temps avec lui tous les jours. Tu devras le nourrir, faire sa toilette et t'assurer qu'il est bien installé. Un poney content et en santé peut vivre plus de 20 ans. Alors, profite bien du temps que tu passeras avec le tien !

# Glossaire

**allergique** Se dit d'une personne qui supporte mal quelque chose, comme un aliment ou un animal, et qui y réagit par exemple en éternuant

**céréales** Graines d'herbacées comme l'avoine ou le foin

**éleveur** Personne qui assure la reproduction, la naissance et le développement des animaux

**fer** Pièce de métal en forme de U qu'on cloue sous les sabots des poneys pour les protéger

**fringant** Se dit d'un animal très vif, toujours en mouvement

**litière** Couche de matériaux mous, par exemple de la paille ou des copeaux de bois, sur laquelle les poneys dorment

**minéraux** Nutriments, comme le fer ou le calcium, dont les humains et les animaux ont besoin pour rester en santé

**pesticide** Produit chimique qui sert à tuer les organismes nuisibles, comme certains insectes

**stalle** Espace où vit un poney dans une écurie

# Index